NIMETÖN OHITUSKAISTA

Taitto ja kansi: Books on Demand
Kustantaja: BoD – Books on Demand, Helsinki, Suomi
Valmistaja: BoD – Books on Demand, Norderstedt, Saksa
ISBN: 9789528064114

NIMETÖN OHITUSKAISTA

MAIKKI KARHIA

Omistettu "ufoille" eli avaruuden kansalaisille.
Teitä on ainakin galaksillinen jossain.
Tervetuloa.

Sisällysluettelo

Love U Kuu

Kun huusin sinua
Kuuhun asti
Love u, love u, love u,

etkö silloinkaan,
ensitreffit Kuussa,
vähintään

riittäisiköhän se sinun makuusi
näin jälkikäteen
kuun jo vaihduttua.

Lätäköillä vesihöyryunet

Lätäköillä vesihöyryunet,
metsät puuttuvat puistopuista
kaupungissa,
olen hiljaa olen sinut nähnyt tehnyt
olen hiljaa sinuja.

Ja odottaa voin, kun on rakkautta,
Kuusta tänne putoilevaa.

Sateen lätäkönpinnasta
muistan syviä sinusta meistä,
alun sai hukata tärkeämmällä lopulla.

Ja nyt sinulle Kuukaan ei enää riitä,
miten kauas olet kadonnut.

Kuuset rehevöityvät

Kuuset rehevöityvät
kuin sinun vankka tahtosi,
sen takana sinä, siinä olet
kohta täällä kohta elämäni päällä

palanneena tähän,
me poltamme toisiamme.

Oven syleilyssä

Kupolin alla taas kahvilla
kaupungin taskussa.
Kuitti-intoinen palvelu,
penkin kuosi vilisee kuin Vekkula silmissä,
ihmisten puheet ovat levottomia
kuten kaikki kaadettu aina on.

En ole vielä sinun,
seison kynnyksellä tai oven syleilyssä.
Katson itseäni pöydistä kuin peileistä,
jonkun saman puhelin soi jo kuudetta kertaa,
turhalta tuntuvakin voi jalostaa,
ota löydä jo.

Karkauskuukausi

Kun rakastimme Love U kuuta,
karkauskuukautta, joka oli ja ei ollut olemassa
tuo toinen helmikuu, karkauspäivän kuu.
Älä sano että vain taivaankappale tuolla,
älä väitä että vain yksi kuukausi
tai sano vain yksi Kuu taivaallamme.

Meitä on sitä paitsi aina enemmän,
niinhän sinäkin lupasit,
emme koskaan jää yksin.

Kukaan ei saa jäädä yksin

En tiennyt
että sinä myös
satutat isolla joukolla.

En jää yksin.

En tiennyt, miten lyijynpainoista
kun lopulta olit poissa.

Kerro miten itkuun
kukaan ei saa jäädä yksin,
vaikka haluaisikin.

Kuu

Kun pyysin
ota minusta sinut pois
en itseäni aluksi uskoa olisi
et sinäkään minua uskoa voi.

Niin pyysin,
Ja Love U kuusta jää kuutamo rakastamaan,

sanon sitten se riittää.

Rahassa kävelet

Rahassa kävelet
samalle kadulle,
peität itsesi
kuin häpeällä.

En ehdi sanoa mitään,
on kasvoissasi vieras pimeys,
sen oma ahnas kiire.

Älä peitä pimeyttä enää toisella pimeydellä,
kun katsot maahan
jos kävelit.

Minä en erota enää todellisuuksia,
sinussa on niitä niin paljon.

Neuvot

Neuvojako silmiisi sivelisin.
En kysy,
kysy sinä kenestäkö neuvoisin.
Kun riittää riidat jo itsessäni.

Riittävä on liikaa.
Liiallinen saa riittää.
Itsessäni viimeiset hajapaikat myynnissä.
Ja runojeni kirjaimissa sotii taas yksinäisyys.

Siivin kaikki

Siivin kaikki
kun vietimme yhdessä
maailman visat
me hyvin kuvittelimme

Sinä minun seläntaus
ja minä etusilmät sinulle

minne viisaat kyyhkyt
siipiänne kastelemaan kiirehditte,
elämä hidas vielä rikas
se oli ja on, on
yhä on

Sekunnin kestää sana 'on'.

Silloinen historia

Aivojen ajatusleikki, Kuu,
kun erosimme, hautasin omat jälkeni
Kirjoitin salaa
tulen vielä uudelleen.

Nyt elämänlanka palaa,
minusta tuntuu välillä kuin
ohjuksia luonani väärässä osoitteessa,
joita en tahdo.

Ajattelen Kuussa mielikuvituksen lampia,
verovapaata kraateria.
Sitten puhuit taas rahaa,
maallisen tavaran konkretiaa.

Ja silloista historiaa minä ajattelin,
kuinka se on jo hyväksytty, juuri niin
jopa köyhänä, jopa vaatimattomana.
Vaatii vain olla,
samanlainen olemuksen voima kuin Kuulla.

Sinussa on uudenlaista tärkeyttä

Sinussa on uudenlaista
tärkeyttä.
On aikaa jaettuna jo valmiiksi toisaalle,
jotenkin näyttää siltä,
että oven syleilyssä
sinun ovesi on korkeampi kuin muilla.

Olematonta olemassaolevaa

Yhtäkkiä kuin
abstraktiot ja esineet puhuisivat
bussin penkki onkin piruileva naama,
vedenpinta ikkunassa pilalle mennyt toive.
Ne huutavat
viimeisestä runostani
viimeisestä kuolinhuudostani
tulen jälkeisestä tuhkasta
haudasta, johon kasvaisin.

Mutta ei,
ei vielä
entä jos sanonkin.
Minulla on hyvä täällä,
en tahdo koko ajan lentää Kuuhun,
luoda ajatuksissa kuukautta kolmattatoista
alati olematonta olemassaolevaa.

En halua olla kuvitelmissa joihin todellisuuden
varaa ei ole, maa on hyvä,
maa missä jatkaa
vaikka yksinkin,
elossa ennen kaikkea.

Unessa kuolleista heränneenä

Tulet uneeni kuin
kuolleista heränneenä.
Sanot, siellä ei ollutkaan kivaa.
Käärme kiertyi koko Kuuksi kutsutun pallon ympäri,
söi sen
miten se aika mikä nimetön kuukausi meidän,
sitäkään siellä ei kukaan tuntenut
se oli jokin muu
tuli kiire pois sieltä.

Halusin myös saada sinut pois,
kuvitelmat ravistettua tosiin
tarpeesi paeta aina muualle,
pois hekumoimasta sitä mitä koskaan ei voi olla.

Mutta et ehtinyt kuunnella,
lähdit jatkamaan
taas ovesta joka oli korkeampi kuin muilla,
leveämpi myös.
Lisää tilaa sinulle vaiko
tuleville vieraille,
jäin miettimään,
kummat mahtavat tarvita sitä enemmän,
ja mistä kuukaudesta planeetasta
nyt tulee puhe olemaan.

Kaipaan painajaisia

Hyvät unet
ovat taattu paheeni,
mutta vain kaipaan taas
painajaisia sinun mielesi mahdottomuuksista.

Muistan kuinka lupailit
siunata epävarmuutta,
jotta silmiini sydämeeni ei sattuisi,
   antaa alitajunnan ohjata ja voittaa, sanoit.

Kaikki anteeksipyynnöt

Kaikki anteeksipyynnöt
jaettiin kaikille osakkaille halukkaille.
Jokin meistä vetäytyi,
oli vaikeata sanoa itkemäänkö vaiko riemuitsemaan.
Että lopulta vallitsi rauha.

Sade paiskautuu ikkunaan

Sade paiskautuu ikkunaan
jatkaa taisteluaan.
Sillä on äärettömät asiat jostain
pisara kerrallaan ziljoonittain.
Kilpajuoksua auringon kanssa,
aineksia seuraavaan sateenkaareen.

Suojatiet huutomerkkeinä

Suojatiet huutomerkkeinä.
Aulat, ravintolat, auto-ohitukset
täynnä ihmistetristä,
loput täsmäävät.
Sinuako odotin
eriparisessa keväässä,
joka lemppasi näkymättömäksi jääneen talven.

Ne häipyvät,
kuka jaksaa odottaa, sanot,
käännät omaa ihmistetristäsi kuin
rubiikin kuutiota.
Minne, vai minnekään, minut siellä
jätit.

Unohdit, koska kuuluu häipyä,
ettet joudu jaksamaan odotusta.

Kukaan ei saisi pitää minusta

Kukaan ei saisi pitää minusta,
kenelläkään aistittavaa mitään hyvää
ei,
sanoo mustasukkainen hän.
Mitään minulla ei saisi olla,
vielä senkään jälkeen kun mikään ei meihin tai teihin tai heihin liity,
mitään omaa ei tai se pitää romuttaa.

Raivo, se jonka itseesi istutitte,
ei haihdu, ei käyttämällä vaihdu.
Se ei vähene, vaikka uitte siinä,
vaikka ainut mihin päiviänne verhoatte.
Se ei häivy,
olen sen ilmentymä, päätitte.

Minut pitää tappaa, sanoitte,
jotta paremmalta näyttäisin.

Kukaan ei silloinkaan saisi kaivata minua,
ei mikään idiootti runojani lukea.
Kukaan ei silmiäni saisi muistaa,
ei muistoja yhteisiä miettiä.
Vesiveitsellä piirretyt itkusilmät,
raivonne ei teistä itkemälläkään lähde,
se on sairaus,
sairaampaa kuin mustasukkaisuus.

Kauralastut

:Pippiip: Tips taps.

Joulukuu on alkanut.
Sanot: -Piip. Niin tax.
Minä: -Niin siis max.
Olemme joutuneet laskuttamaan jo kaikki meidän jäsenet. Kengissäkin enää
nauhat myymättä. Seuraavaksi olemme kai paljain jaloin lumienkeleinä.

Et voinut paremmin. Pidän kiinni. Et voinut kertoakaan. Miksi, itkuasi tekisin.
Sinä värjöttelit, menit parvekkeelle. Käsikkäin vapisemme molemmat.

Minä kierrän silmäni. Ja ylhäällä haihtuva salapalkinto Heijastus.

Emme mene tuolle.

Tahdon päästä sinun mustaan magneettiisi niin että tiedät sen. Emmekä
koskaan enää katoa tai eroa. Tahdon ravistella kanssasi samaa kuutamoa,
koska se rakastaa samaa maapalloa.

-Katso. Ne näykkivät viimeiseksi jäi vain tuo Pakkasmarja.

Puhumme sydämiä. Koko illan pärjäämme kauralastuilla. Jos täällä olisi enää
joku elämä, minä varmasti kuuluisin siihen jo.

Minä rakastan sinua ja et kuule. Joka kerta seuraan sinua ja otan sinut alas. Ja
sinä olet pelannut vaan GPS:ää koko illan. Toivon, että se peli kuolee ja sinä
saat omasi takaisin.

CA

Cafe Akvaario
Teimme kirjallisuutta
viimeinen lyhde.
Ota savusta kynä jo.
Jätit tähän kaupunkiin kaiun
ja minä aion nyt
jälkikäteen rakennella
   tutkan
   väliin elämän ja kuoleman.

Käännetään piruetti

Käännetään piruetti
rakkaus on poikki
    noin sinä teet sille oven.

Ruorivene

Tiina taas kiusaa
   olemme tulleet ruoriveneen
      DDR:ään.
Tiina käy piikeillä ja
   rasvaa huolellisesti suunsa.

Unta en saisi nähdä
   vaikka tämä koko maapallo
nuokkuu yhtä sikeätä unta.

Tässä, olet liikennemerkki, Tiina sanoo
kylmää metallia vasten kylmää sydäntä.

Selvemmille vesille

Avaruudessa
  pääsimme
    selvemmille vesille.

Join sinua kerran
pääsin makuusi.
  Hotellit syntyivät
    ja punainen syksy
    aloitti helvetin.

Avaruudessa kerran, sanoit,
vaan ei sellaista ole,
  kiistelimme.

Siellä ei ole aikoja,
      on vain kokonaisuus
      ja volyymit tyhjyydessä
      kokonaisuuden ehdoilla.

Paras mihin pystyn

Paras mihin pystyn
   revitään auki.
Silmiä hyytää.
Ajaudu aika jo oikein.

Energiavelkoja

Energiavelkoja
   kuin kaloista,
osta uusi puhelin ja vanhana
             loista.
Jäljet näkyvät jo avaruuteen
   mutta kukaan
      ei sinne jaksa hiihtää.

Juo energeettinen kahvisi
  ja luo aureettinen
     seurasi itse.

Olen treffeillä yksin.
   "Forever Yours"
ja energia on se missä käymme.

Jos sinä tulisit tänne
  edes pikkusormen verran
voisin saada energiani
   takaisin.
Voisin päästä vapauteen,
olla taas vapauden kanssa
  "Forever Yours".

Laitteita

Laser tekniikkanako
viivakoodinlukijassa?

Käytän korttiani lähimaksulaitteessa,
se lukee, se onnistuu
    ja maksu lähtee.

Mutta mietin.

Entä kun teknologia
siirtyy lukemaan dna:n iholtani,
lasku reskontrataan iholta suoraan
    ikuiseen miinukseen.
        Me vai laitteet?

Painavat bittitavut

Mieletön paino
joka ikisellä tavulla,
  mitä kirjoitan.
Mitä tekevätkään bittitavut sitten,
kun runoni tietokoneelle asti
    seurustelen?

Sinä ohimoleikkaat minua
  edelleen salaisissa unelmissasi.
Sinä suljet oven jälkeesi
  ja odotat, että ilmaannun
    kämppääsi taivaalta.
Eihän se, Herra paratkoon, ole sinun
vikasi, jos
      aineet ovat ylitettyjä
tai viittasi on eri tavoin raskaana.

Tämä planeetta on haissut
  erolta jo pitkään
    joten
      emme ikinä löydä
      toisiamme, vaikka
        kuinka.

Rakkautta 1

Rakkautta ei voi kokeilla.

Vain minä -jutut

Vain minä jutut liikkeellä taas.
Vain suhteellisuusteoria liikkeellä taas.
Vain sinä ja minä taas.
Toimistomme on väkevää.

Homma meni kuten

Mikrokosmoksesta
    makrokosmokseen.
Homma meni kuten
    Ripuli ja Rölli.
Lehdet vaihtelivat toisiaan
    ja taas toimisto kuittaa.
Ja tossuilla läpi lumen ja jään.

Hyttysten hautajaisissa

Hyttysten hautajaisia
kun vietettiin
hyttyset kuiskailivat
ei mitään kuultu vaikka
kaikki veri imettiin
eivät hyttyset kuulleet kuka haudattiin
joten hautajaisia ei ollut laisinkaan.

Keltainen talo

Hapetti jo koko talon,
    koko Keltaisen talon.

    Kerään tiilet
        ja muutan sinne asumaan.

Vadelma asuu Taivaassa
    ja Hymyläiset tulevat käymään.

En saisi kertoa muistojani.

Te

Harjaatte hampaitanne Moskovassa.
Aamu on pidentynyt.
Haaveilette pääsystä Pariisiin.
Maailma on pidentynyt.
Sukkanauhoilla peitetty sänky.
Ja uni, joka on vain yhdelle
ihmiselle yhdelle yölle tarkoitettu.

Rakkaus 2

Rakkaus ei ole kusetusta.

Tai sitten se on nimenomaan sitä
miljoonan volyymillä.
Onko silloin kyse enää rakkaudesta?

Kuu oli polttava

Kuu oli polttava.
En syttynyt pelolle.
Rasittavasti sanottu.

Varjoista kenenkään

Varjoista kenenkään
valitsen kenellekään.
Vaaleista varjoista henkimaan
menen vaaroille seikkailemaan.
Suudelmista kenellekään
luin ensimmäiset jo äänelläni.
Vaihtelevasta seurueestanne ensimmäiset
otan vastaan varoen,
varjoista kenenkään,
en menetä henkeäkään.
Mehän tästä selvitään.

Maa ilman kaikkeutta

Maa ilman kaikkeutta
  tämä on,
maa ilman.
Soitan maailmankaikkeutta
ja ilman haikeutta
käyn peitolleni makaamaan,
vääriä unelmia halaamaan.
Tämä on maa nyt ilman
            kaikkeutta.
Ja jos kaikkeus puuttuu,
      puuttuvat kaikki.

Kivenlujasti

En tiennyt, että silmillä voi nokkia.
En tiennyt, että on olemassa miehiä,
jotka ovat kylmiä kuin pakastin.

Nyt tiedän, kivenlujasti tiedän.

Kypsää salaattia

Kypsää salaattia,
haarukan ja veitsen käsikirjoitus
lienee selvä.

Silja Energie

Olen löytynyt unessani haaksirikkoutuneelle
    Silja Energielle
ja laivalla täällä juhlat vain
    jatkuvat.

Ehkä sinäkin salaa aioit nähdä tämän.

Unta ja arvoitusta

Tunkeudut uniini
Organisoimaan uniani.
En uskoisi sinua, vaikka selittäisit.
Varhaisia virheitä
ei enää saada kiinni.
Ja minä
säilyn arvoituksena itselleni
        kuten aina.

Ase(nne)

Että olisi parhaimpana aseena asenne.

Yhteys

Ensimmäinen yhteys sinulta
pyydät anteeksi
minä sanon ei se mitään
ja tästä tulee mielessäni
maailman suurin ja
merkityksellisin keskustelu.
Anna anteeksi, minä olen tällainen.
    Kysyn oletko vapaa
    ja hiljennyt täysin.
Anteeksi jälleen, tämä on leima
    koko yhteydelle.
Ja silti en muista riittävästi
      sinusta.

Nimetön ohituskaista

Se hiipi aluksi salaa
kunnes tulin huomanneeksi sen.
Se oli ohjattua muualta
ja se oli minulle yllätys.
Sen avulla tutustuin tilanteisiin
                   ja ihmisiin, outouteen
ja johonkin mitä ennen ei ole
             minulla ollut.
Se oli nimetön ohituskaista,
kaikki ulottuvillasi siinä.

Kenellekään kertoa en saanut,
mutta minun on pakko runoilleni.
Ehkä minäkin vain ajan ja ohitan.

Olet läsnä

Sinä rakkain.
Sinä nimettömin.
Sinä oudoin.
Olet läsnä, olet minun.
Sinä siinä.
Sinä et missään.
Sinä kaikkien.
Olet läsnä, olet minun.
Sinä vielä.
Sinä joskus.
Sinä aina.
Ja iankaikkisesti.
Sinä ihanin.
Sinä minun, olet läsnä.
Sinä elämässäni.

Mykkyyden kuukaudet

Mykkyyden kuukaudet,
häpeäkseni en muista niitä.
Ketkä lähtivät milloinkin.
Me emme enää uskalla puhua heistä.

Kun vastaat

Kun vastaat, ole puolihuolimaton.
Kun vastaat, ole vastapäinen vihta.
Kun vastaat, ole kouruun- tai kouriintuntuvan
kuuroutumaton
ja ennen kuulumaton.
Sillä mennyttä ei ole.
Saman tason vertaisuutta ei ole.
On vain kohtaloon vihityt vastakohtaisuudet.

Kaipausta tilaan

Kaipausta
tilaan

ravintolassa

paikan verran
jäätävää.

Se katsoo minua

Se katsoo minua
puhun tauluilleni.
Olen lumisadehiutale lasikupolissa
ylösalaisena omassa maailmassani.

Sama ei ole samaa

Samat aistiaaltoviivat
silmäsi hyväilevät yhteyttä.
Meninkö paljon pilaamaan
kun otin askeleen osoittaa?
    Sama on vahva
       kiinteä väli.
    Puistossa yöllä yksin kuunsirpin reunalla
    liikutan esineitä toisin
 revin kukan terälehtiä valkoisia.
Koska en onnistu,
  jotta edes jokin muuttuisi,
     ehkä sama ei vain riitä.

En ylleni tahdo kuin rakkautta

En ylleni tahdo kuin rakkautta
vielä ennen kuolemaani,
mutta riipustan
kaikkialla kuolevaa yksinäistä
auraa, läheistä kellonlyömää
omat sanani elämällä itsestäni.

Ne katsovat kuka tuo on
luuleeko se vielä elävänsä.

Mitään en kertoa voi

Mitään en kertoa voi
paitsi runoilleni
tuntea
salaa
paloa

liekkiin jonka olin uhkarohkea sytyttäjä
josta sinä
teet
tähtisadetikkuja omasta voimastasi.

Ja kiduttavaa on odotus
kipinää vasten kättä.
Häkin seinistä näkee
että sinäkin tunnet.

Luonnonkyyneleitä

Luonnonkyyneleitä
  solkenaan
ja olen menevä ohi.

Omaa murhaansa

Hän etukäteen
anteeksipyytelee
            omaa murhaansa
            ja olen aivan poikki.

Juhlapäivä

Kongirumpuja
taas puhun
vastapuolena
vedät happea
vaskipuhaltimiin.

Kun on vielä se
juhlapäiväkin nyt
et tyydy olemaan
kevyt

enkä minä iloltani
näe kuin lentää
kerrankin kauas
asiasta:
   King Kong.

Sinä joka lähdit

Sinä joka lähdit
viimeisenä
et ole meillä.

Sinä joka lähdit
myöhäisenä
olit oikeasti vauva.

Sinä joka lähdit
sirpaleena.
Kannoit niin paljon.

Joka päivä osuu,
joka yö on huti.
Kameleonttina
janoan vain
kirjaimia.

Sinä joka lähdit
ja et osannut saapua.

Sinä joka painoit
keveitä luolia
kun vaaka otti
kohtaan
askelia.

Meille putosi
oksia irrallisia.
Pidin käteni
itselläni.
Harvoin ojensin ne
avulle.
Ja sinut näin
osana
joka kiellossani.

Sinä joka lähdit
et osannut
enää takaisin.

Me muistamme sinut.

Talvi talven keskellä

On taas
talvi talven keskellä.

Kävelen lunta,
kuin tämä olisi unta.

Katson, miten lumelle
ovat traktorinrenkaat
jättäneet leveitä hiuslettejä.

Lumella on uusin kampaus

ja kävely
on pitkästä aikaa helppoa.

9.3.2022

Saanko koskaan?

Saanko koskaan:
happamuudellesi jotain armoa,
suuntautumisellesi suunnan,
käsidesillesi virallisen desimitan
ja
voihkinnallesi jonkun tarkoituksen?

Tai mieluiten saan vain
unohduksen sinusta pysyvästi.
Miksi edes tulit uudelleen elämääni?

Koronan takia

Koronan takia
elämme erikseen
huulipunien ulkoilutusta.
Miten ihanaa, että suut saavat taas näkyä!

Hän on naapurini

Hän on naapurini.

Ja sitä emme voi muuttaa.

Minä toivon sinulle

Minä toivon sinulle nauloja
Sinne missä et käytä vasaraa.

Minä toivon sinulle lisää huoneita
Sinne missä et jaksa siivota ensimmäistäkään.

Minä toivon sinulle syksyn lehtiä
luettaviksi kevään nurmikolla.

Minä toivon sinulle vapisevat kädet.
Minä toivon sinulle lyhyet hermot,
joilla pääset pitkälle.
Minä toivon ylimääräisen nurkan, jonka
taa voit piiloutua, ettet näkisi minua.
Ennen kaikkea minä toivon, ettet toivo.

Ei ole niin kiire

Asioilla ei ole niin kiire.
Paitsi päiväunilla.

Minä en yleensä kesällä

Minä en yleensä kesällä
syytä talvea siitä,
että kesällä ei ole talvea.

Toive

Poltit
sillat takanasi
ja jatkoit elämää kuplassasi.

Missä aviomies on siskolta varastettu
poikaystävä.

Missä kukaan ei koskaan myöhästy
tai peru tapaamista, koska sinä et kestä sitä.

Missä isän jätät mielisairaalan
tupakkakoppiin etkä kerro, että häivyit.

Jatkoit sitä samaa rumaa maailmaasi
ja voin vain toivoa, että joku muu avaa vielä silmäsi.

Skannattua

Näin unen miehestä,
joka tuli sanomaan minulle,
että minulla on
kaunis ruuansulatus.

Vaivannäkö

Sinä säästyit vaivannäöltä,
   että sinun olisi enää tarvinnut
            moikata minua.

Huutomerkki

Olet huutomerkki,
  joka haluaa piiloutua.

Rakkaus 3

Rakkaus ei kuole eikä häviä
                    koskaan.
Jossain avaruudessa se pysyy.

Systeeminkuluttaja

Kuulostaa ehkä hassulta,
mutta ansaitsen enemmän
    kuin Systeeminkuluttajan.

Kulutusta

Systeeminkuluttajalla oli kotonaan
käytössä eräänlainen Nimetön Ohituskaista.

Kun Systeeminkuluttajalta kysyi,
että kuinka helvetin monta lasta
    hänellä oikein on,
hän vastasi montako lasta
  vaimolla on.

Ehkä se heillä sitten menee niin.

Leffassa

Systeeminkuluttaja
 tönäisi leffassa juomapulloani
ja sen jälkeen minua,
minun olisi muka pitänyt tajuta lähentyä.
Ja mulkaisu kaupan päälle häneltä.

Minä puolestani tajusin
 olevani väärillä treffeillä,
  mutta oikean leffan äärellä.
  Sentään edes jotain.

Ruskea luomiväri

Onhan noita
ruskeita luomivärejä,
jos sinun pitää valita juuri se
sama mitä minä käytän.
Kun sen oikein nimeä ja mallia myöten
halusit minulta kysyä.

Odotan vain huomaanko, kun
sinulla lopulta on sitä silmissäsi.

Lumesympatiaa.

Nimetön ohituskaista 2 ja 3

Sinä pöllähdit siihen ohi
 nimellä, jota ei ollut.

Aloit puhua minulle sanoja
      joita ei ollut
ja näytit näkyjä,
joita emme nähneet,
      öitä, jotka olivat päiviä
ja talvia, jotka olivat salaa kesiä.

Sinulla oli minulle asia,
joka oli irrelevantti.
   Sinä olit nimettömällä ohituskaistalla
ja otit vasten tahtoani minut mukaan,
                  pelkääjän paikalle.
Itseasiassa sinä jäit asumaan nimettömälle
               ohituskaistalle,
koska se on kätevämpi kuin oikea elämä.

Ei siellä saa asua, se on ohimenemistä.
Yritin vastata, mutta sanat eivät olleet.
Ja niin sinä jäit, vaikka nimettömästi lähditkin.

Rakkaus 4

Joen kainalossa.
Olmisilmäiset taatusti selkäkivuttomat lokit vahtivat minua.
Minä mietin, niillä on vain alituinen nokka,
jolla ei voi suudella.
Kokonainen elämä ilman suudelmia,
syleilen syntymääni, että meillä ei ollut niin.

Ovi

Se on sinusta itsestäsi kiinni,
        laitatko sen oven kiinni,
mutta muuten sydämesi ei saa kulkea
                taas vapaana.

Kehys

Neljän vuoden hengittämättömyys
koko elämän tietämättömyys
ja kovin kipu mitä on, mitä ei saa olla.
En keksi, mitä haluan,
koska sitä ei kuitenkaan ole.
Haluan runoja ja ne haluavat minut.

Maapallo räjähtää

P on yhtä aikaa hermostunut ja innoissaan. Nyt se pian koittaa. Heille sattui juuri oikeanlainen ajankohta, kun maapallon ytimestä havaittiin vuotavan kaasua. He aloittivat kaivaukset ja poraukset, muka siihen liittyen. Oli helppoa kusettaa kaikkia. Oli myös helppoa saada ihmiset suostumaan siihen, hänen uskottunsa ja valittunsa.

Kaivuutyöt ovat kestäneet viikkoja ja nyt H-hetki lähestyy. Maapallon ydintä kohti on rakennettu loputtoman pitkä seiväs. Sen avulla kohti ydintä robotti heittää X määrän ydinpommeja, ja vihdoin maapallo tulee räjähtämään. Tämä on kuninkaallisin päätös kaikille sodille, joihin P on keksinyt saada valtionsa mukaan. Hänet tullaan muistamaan, jos tästä enää mitään jää, maapallon historiassa sen räjäyttäjänä. Hänenä, kuka uskalsi. Vaikka hänestä tulisi kaikkien vihaama. Tai sitten elämä loppuu tähän, ja mitään jatkoa koko P:lle ei enää ole. Kohta kaikki tapahtuu. P siristelee silmiään. Nyt robotti heittää.

Pimennys kestää minuutteja.

P herää hiljaisuuteen ja tyhjyyteen. Hän havaitsee olevansa jonkun kiviriekaleen päällä pidellen kahdesta pienemmästä kivestä kiinni. Hänen vaatteensa ovat revenneet ja puvun takki kadonnut jonnekin. Ensimmäinen ajatus on, että hänen täytyy saada nämä muut riekaleet itselleen. Hän haluaa parsia ne kiinni omaansa. Ne ovat hänen. Näin hänet muistetaan paitsi kaiken räjäyttäjänä, myös uuden hienon kansakunnan rakentajana. Mitä hän kyllä ollessaankin jo oli. Mutta hän voi olla sitä vielä enemmän.

P saavuttaa erään toisen kiviriekaleen. Hän aloittaa parsimisen. Täällä on joukko eteläkorealaisia ihmisiä jonottamassa bussipysäkillä. Odottamassa bussia, joka ei ikinä saapunut, koska se ajoi räjähtäneen maapallon toisella riekaleella. Joidenkin heistä puhelimissa on vielä virtaa ja musiikkia voi kuunnella. He eivät huomaa, että P parsii, koska se tapahtuu toisella puolen riekaletta.

P saa lopulta kaiken parsittua. Tämä on uusi maapallo. Hän rakentaa sen. Hän räjäyttää, siis korjaan: räjäytti sen. Hän on koko maailman valtias. Tätä hän on aina odottanut, täksi hän on halunnut tulla. Hän elää elämänsä parasta aikaa.

Kuin seinään naulatut hiukset

Avaan oven ja leikkaan tilanteen
kuin seinään naulatut hiukset.
Puhe loppuu kuin seinään ja
yhtäkkiä myös alkaa kuin tyhjästä.
Olin naulattu puheenaihe,
saan huomata
ja tämän jälkeen en luota teistä kehenkään.
Tämä on teeskentelyä,
josta saan rahaa.
Antakaa minun olla, eikö siitä teillekin makseta.

Anna minun

Anna minun sivellä sinua,
kuin kirjaa sivu sivulta sipaista.
Anna minun rakentaa
tähtikartta loputtomista pisteistäsi
ja nimetä ne valtamerien pisaroiden mukaan.
Anna minun suudella uniasi
ettei mielesi ikinä sotkeutuisi solmuun niissä.
Anna minun keventää mieltäsi
ja hyväillä silmiäsi uuteen iskuun.
Anna minun olla sinun
niin ymmärrät lopulta, että miksi.